Lk 8276

UN DERNIER MOT SUR ALGER,

PAR

M. LE Chr CAVALIER BÉNEZET,

Ancien Négociant de Bordeaux, Arbitre de Commerce.

PARIS,

IMPRIMERIE DE J.-R. MEVREL, PASSAGE DU CAIRE,

N° 54.

Août 1837.

Le traité de Tafna avec Abd-el-Kader est, suivant moi, désastreux pour la France; je crois rendre un grand service en publiant cet opuscule. Il serait possible que le ministère, éclairé sur un mal qu'il n'avait pas prévu, y portât un remède salutaire.

UN DERNIER MOT SUR ALGER.

Parvenu à un âge avancé, maltraité sans l'avoir mérité par la fortune, je n'ambitionne ni l'honneur d'être député, ni ministre, ni d'être appelé à aucune fonction publique quelconque; mais j'aime passionnément ma patrie, son commerce, enfin tout ce qui l'intéresse.

J'ai une âme brûlante, méridionale, et je souffre mille maux lorsque je vois qu'on prend des mesures qui peuvent lui préjudicier, lui nuire.

Cet avant-propos était nécessaire avant d'entrer en matière.

J'ai beaucoup vu, j'ai une grande expérience; on me traitera peut-être de radoteur, car c'est assez l'esprit du siècle, quand on n'abonde pas dans certaines opinions; et à ce sujet, je dirai comme Cicéron : « *mea mihi conscientia pluris est quàm omnium sermo.* » (Je fais plus de cas du témoignage de ma conscience que de tous les jugemens que l'on peut porter de moi.)

Ce témoignage de ma conscience me dit que lorsque les électeurs sont appelés à nommer un député au corps législatif, ils ne devraient porter leur choix que sur des hommes indépendans, au-dessus du besoin, et qui par conséquent ne brigueraient en aucune manière les faveurs du Gouvernement, parce qu'en adoptant ce principe, les droits du peuple français seraient réellement défendus, et on n'aurait pas le chagrin de voir dans le sein des chambres des discussions oiseuses qui peuvent persuader au pouvoir que telle opinion est celle de la majorité, et le déterminer à prendre un parti non-seulement défavorable, mais entièrement ruineux pour la France entière ; c'est ce qui arrive dans ce moment pour Alger.

Le gouvernement de Charles X avait eu l'extrême bonheur de faire une conquête qui pouvait amplement dédommager notre pays de tout ce qu'il avait perdu, et le ministère Molé, tout fier du service qu'il croit lui rendre, vient à peu près d'en signer l'acte d'abandon, ce qui ne sera pas difficile à lui prouver.

Je gémis de voir qu'à la chambre des députés, rien de ce qui lui a été adressé en faveur de cette propriété, soit la très-excellente, très-instructive Lettre de M. Sabatié ou autres écrits, n'ont point été écoutés ou ont été repoussés par un sec ordre du jour.

Hélas ! quel est l'avantage qu'on peut retirer du droit de pétition ?

De temps à autre, on prend la peine de faire le rapport de quelques unes, et souvent celles qui sont ridicules paraissent avoir été choisies par préférence. Celles qui sont relatives aux grands intérêts de la France demeurent enfouies dans les cartons, ou ne verront le jour que lorsque le mal aura été opéré et qu'il n'y aura plus de remède.

Il faut rendre justice à la presse ; dans l'affaire d'Alger, elle a fait chaleureusement son devoir, mais on a fait peu de cas de ses doléances.

Hélas ! les Français sont encore bien éloignés de comprendre, d'apprécier les bienfaits d'un gouvernement constitutionnel ; ils ont besoin d'aller s'instruire chez leurs voisins.

Peut-on se persuader que, dans une session de six mois, la chambre des députés n'a guère fait qu'une seule chose de bien, celle de rejeter la loi de disjonction, et encore quels efforts n'a-t-il pas fallu faire.

Le budget se vote à pas de charge dans le moment où les députés sont fatigués, où un grand nombre ne prend même pas la peine d'assister aux séances ; on fait des économies ridicules de quelques mille francs, insignifiantes, et on croit avoir fait un grand œuvre.

On ne peut pas le désavouer, l'administration des finances en France a besoin d'une grande réforme ; mais c'est une arche sainte, on n'ose pas y toucher ; il faudrait un *Sully*, un *Colbert* pour entreprendre ce grand ouvrage, et se trouvera-t-il un Sully ou un Colbert dans le cercle habituel où l'on prend les ministres ? il faut le désirer, il faut l'espérer.

Pourrait-on croire qu'à la tribune, toutes les fois qu'il a été question d'Alger, on a divagué ; et cependant il me semble que lorsqu'on est sincèrement et loyalement pénétré de l'amour du bonheur public, on peut très-aisément s'éclairer. Par exemple, au sujet de cette possession, ne devrait-on pas s'adresser cette question :

Un grand état comme la France doit-il posséder des colonies ? Je pense qu'il ne faut pas être grand homme d'état pour résoudre cette question par l'affirmative.

Ne pourrait-on pas se dire à soi-même, si l'Angleterre n'avait pas eu des colonies, serait-elle parvenue à ce haut degré de prospérité qui lui assure un des premier rangs en Europe, et qui, malgré l'énormité de sa dette, est arrivée au point où, par les ressources qu'elle a trouvées dans son commerce, et par conséquent dans ses colonies, à pouvoir commencer à se liquider de son énorme fardeau. Ne jalousons pas nos habiles voisins, mais cependant pensons à notre avenir ; pensons que notre dette est déjà bien élevée, qu'elle s'accroît chaque année, qu'il convient aussi de penser à l'amortir, et que nous ne devons pas paralyser par notre faute les moyens que nous possédons pour remplir ce but si louable, et que tous les Français doivent ambitionner

Une seconde question se présente :

L'abolition de l'esclavage a-t-elle servi, autant que la philanthropie anglaise pouvait l'espérer, la cause de l'humanité ?

Ce problème, suivant moi, n'est pas encore parfaitement résolu ; mais ce qui est très-certain, c'est que les anglais, qui ne perdent jamais de vue leurs intérêts, en faisant généralement dès le principe adopter cette mesure, ont espéré exploiter à leur profit, le monopole des colonies.

Les personnes qui comme moi ont vu la prospérité du

commerce en France, lorsqu'elle possédait la reine des colonies, Saint-Domingue, n'ont pas oublié non plus les débouchés immenses qu'elle procurait à l'agriculture, de ses ports de mer, et au trésor public de grands bénéfices. Aujourd'hui leur agriculture gémit sous le poids d'un système de douane prohibitif ou sous le poids non moins désastreux des contributions indirectes.

Dans cet état de choses, les Français, par un bonheur qu'ils ne pouvaient guère espérer, ont fait la conquête d'un pays, d'un territoire qui peut les dédommager de tout ce qu'ils ont perdu, et leurs législateurs, qui connaissent leurs besoins, leurs souffrances, pourraient consentir bénévolement à l'abandon de ce territoire, pour que d'autres l'exploitent à leur profit! Non, cela n'est pas possible; et, pénétré de cette pensée, je disais le 4 mai 1834, après la discussion qui avait eu lieu quatre jours auparavant, le 29 avril, dans un petit travail que je rédigeai à cette époque :

« Que si les députés, qui votaient si chaleureusement pour l'abandon d'Alger, avaient voyagé sur la Méditerranée, ils auraient vu les craintes, la terreur qu'inspirait la seule apparition d'une voile algérienne, et qu'alors sûrement ils ne proposeraient pas d'abandonner ce pays pour qu'il devînt encore un repaire de forbans, de pirates, qui a été pendant trop long-temps la honte de la chrétienté.

» Que les orateurs qui ont dit que les Romains ne tiraient d'Alger que des bêtes féroces, pour combattre dans leurs cirques, ne connaissaient pas parfaitement l'histoire de ce peuple célèbre; car s'ils l'avaient connue, ils auraient su que les Romains avaient possédé paisiblement ce pays pendant 400 ans ; qu'ils y avaient bâti de belles villes, élevé de superbes édifices, et que les sénateurs et tous les riches patriciens y possédaient de magnifiques maisons de campagne, et que les Romains avaient assez bon goût pour ne pas faire un lieu de délices de cavernes de tigres, de lions, de léopards et de panthères ; ils auraient su encore que cette partie de l'Afrique, avec la Sicile, était le grenier de l'Italie. Ils auraient su que la Provence et le Languedoc ne récoltant des céréales pour nourrir ses habitans que pour à peu près trois mois de l'année, il y avait à Marseille une compagnie d'Afrique qui occupait continuellement une douzaine de navires pour aller chercher du blé sur le territoire d'Alger, et même des huiles.

» Que l'éloquent président de la chambre des députés, M. Dupin, a fait plusieurs citations savantes sur ce peuple roi; mais malgré sa vaste érudition, devant laquelle je me prosterne, il me permettra de lui faire observer qu'il a oublié de dire que ce grand peuple, qui était prévoyant, créait des colonies pour déboucher l'excès de sa population, que celle de la France s'accroissait d'une manière effrayante, et que cet objet important méritait, suivant moi, d'occuper le gouvernement français.

« Que lorsque cette belle France, si jalousée, possédait Saint-Domingue, cette colonie par excellence, les étrangers venaient dans ses ports se pourvoir des denrées coloniales dont ils avaient besoin ; qu'aujourd'hui le marché est à Londres, et que la France, devenue tributaire d'autres peuples pour se procurer celles qui lui sont nécessaires, est forcée de consommer tout ce qu'elle reçoit ; qu'ainsi il n'y a plus de marché pour les étrangers ; que par conséquent il y a diminution de commerce et diminution de rentrées pour le trésor public ; que ces faits sont incontestables.

« Que je pensais que les orateurs qui avaient dit que la branche aînée des Bourbons devaient abandonner Alger, étaient très mal informés; que c'était une imputation calomnieuse ; que si ce gouvernement avait commis des fautes, il avait subi une punition sévère ; qu'il y avait de la lâcheté à attaquer un ennemi vaincu, et que, n'en déplaise à ses détracteurs, c'est un des beaux faits du règne de Charles X, qui illustrera et honorera à jamais la marine et l'armée de terre.

» Que la colonie d'Alger était avantageuse pour toute
» la France, mais qu'on ne pouvait pas désavouer qu'elle
» était particulièrement précieuse pour les ports du Midi,
» et qu'ils ne verraient pas abandonner de sang-froid ce
» but de prospérité. — Que ce fait est si positif, que la
» possession d'Alger est si avantageuse pour ces contrées,
» qu'il est avéré que depuis cette heureuse époque la po-
» pulation de la ville de *Marseille* a doublé. »

« Les départemens doivent-ils être négligés ? — N'y a-
» t-il que *Paris* qui mérite la sollicitude du gouvernement,
» qu'on ne s'occupe que de sa prospérité. Cependant les
» départemens, comme la capitale, fournissent aux be-
» soins de l'état, et assurément, à ce titre, ils méritent
» quelqu'intérêt, quelque protection. Que voter contre
» la colonisation d'Alger, ou pour son abandon, c'était
» créer des ennemis au gouvernement; parce qu'on pou-
» vait croire qu'il avait quelqu'arrière pensée, et j'ajou-

» tai : — Qu'on y réfléchisse bien ! l'abandon d'Alger
» exaspérerait les meilleurs Français. Que ce n'était pas
» un problème à résoudre, et qu'il était déjà résolu. »

Je disais : « Que la France ne pouvait pas être ré-
» duite à un tel degré d'économie parcimonieuse ou de
» pauvreté, qu'elle ne puisse pas faire la moindre dé-
» pense pour parvenir à faire le bonheur de ses habitans.
» — Qu'il était permis de croire que le rocher de Gibral-
» tar et l'île de Malte ne donnaient pas de grands revenus
» à l'Angleterre, et que cependant, il ne se trouverait pas
» un Anglais assez fou ou assez extravagant qui vînt de-
» mander au parlement l'abandon de ces deux propriétés.
» — Que dès que nous avions l'anglomanie, il fallait imi-
» ter ces habiles insulaires dans ce qu'ils font de bien.—
» Qu'il était pénible de voir dépenser d'aussi belles phra-
» ses, aussi fleuries, aussi élégantes, des discours aussi
» brillans d'éloquence pour soutenir des opinions aussi
» ridicules, aussi absurdes, et que je me permettrai de
» répéter ce que j'avais consigné il y avait quatre ans dans
» un mémoire : « *Qu'il y avait beaucoup d'esprit en France,*
» *mais pas toujours du bon sens* ». — Que la discussion
» qui venait d'avoir lieu à la chambre des députés sur la
» colonisation d'Alger, avait offert, même parmi les dé-
» putés distingués qui avaient voté sur cette colonisation,
» presqu'autant d'absurdités que dans cette séance de la
» convention nationale, où un féroce montagnard s'écria
» avec enthousiasme : « Qu'avons-nous besoin de colonies,
» ne fait-on pas du sucre à *Orléans* ».

Mes conclusions étaient qu'il fallait coloniser Alger, y
établir une administration juste, sage, équitable, non

vexatoire, tolérer, respecter les différentes croyances, qu'on parviendrait par ce moyen à civiliser les peuples indigènes de cette partie de l'Afrique, et à étendre nos possessions de telle manière que, dans l'avenir, l'Afrique deviendrait une grande colonie pour la France, qui pourrait faire oublier Saint-Domingue, puisque toutes les cultures de l'univers pourraient y être appropriées et lui fournirait un écoulement pour l'exubérance de sa population. — Que ces moyens, il n'y avait aucun doute, réussiraient mieux que le fer, le feu et le pillage. — Quelle gloire pour la France, si la génération future pouvait voir s'établir, dans la régence d'Alger, le christianisme, comme il l'était en 411, lors du concile de Carthage, et y voir des évêques aussi illustres que l'était l'évêque indigène d'Hypone Saint-Augustin.

Si on eut suivi ces salutaires maximes, il y a tout lieu de croire que nous ne serions pas dans la position pénible où nous nous trouvons relativement à ce pays.

Il a été fait des fautes, c'est un fait avéré.

Qu'est-ce qui en a été la cause ?

Je ne me permettrai pas d'en chercher les auteurs.

Peu de temps après que mes observations avaient été rédigées, qu'elles avaient eu un bon nombre d'approbateurs parmi les gens les plus marquans par leur position sociale, le ministère *Thiers* a paru se prononcer franchement pour la conservation d'Alger avec toutes ses conséquences.

Il y avait envoyé, en qualité de gouverneur, un maréchal illustre, *M. le comte Clauzel*, qui aurait porté, on ne doit pas en douter, cette colonie naissante à son plus haut point de prospérité, parce qu'à ses talens militaires bien connus, il joint ceux d'un habile administrateur; mais le non succès de l'expédition de *Constantine* a servi de prétexte pour réveiller les ennemis du maréchal et de la colonie; le ministère *Molé* a rappelé M. le comte Clauzel, et a remplacé ce gouverneur-administrateur par deux lieutenans-généraux M. *Danremont* et M. *Bugeaud*, et à en juger par ses actes, qu'il n'a pas désapprouvé, il est permis de croire que c'est ce dernier qui a son entière confiance. Ces actes sublimes de M. le général Bugeaud sont l'abandon des 9/10 du territoire d'Alger; il n'a conservé que le littoral: le gouvernement peut-il espérer de conserver toujours ce littoral? avait-il le droit d'adhérer à cette cession sans la participation des chambres ?— On ne le pense pas généralement.— Qui a pu déterminer le ministère à donner son adhésion à un acte réprouvé et destructeur de nos droits sur cette belle conquête? Messieurs les députés ne sont pas sans reproches à ce sujet.

Nécessairement pour conserver Alger, il fallait que les Arabes fussent bien pénétrés que c'était la ferme volonté du gouvernement français. Il fallait y envoyer des forces suffisantes pour maintenir les Arabes qui auraient voulu se montrer hostiles; il fallait y établir une bonne administration, mais pour cela il fallait des fonds. — Quels sont les établissemens qu'on peut faire prospérer sans commencer par faire des débours, et assurément on eut été remboursé au centuple pour Alger si on eut suivi franchement la route qui était indiquée; mais les économies parcimonieuses, dérisoires de la chambre des députés chaque fois qu'il fallait s'occuper du budget de notre conquête, a fatigué le ministère; cela peut aisément se concevoir, et le ministère a voulu essayer un autre système ; voilà l'origine de l'infernal traité de *Tafna avec Abd-el-Kader*, dont le ministère, il faut le croire pour sa justification, n'a pas prévu toutes les conséquences.— Quels sont les droits de ce négociateur de nouvelle fabrique pour traiter comme souverain avec un gouvernement comme la France ?— Est-il descendant de *Juba*, fondateur d'Alger, de la ligne *d'Idris et d'Abdérame*, des Zénètes, *d'Aliel Tesfin*, *de Rabmiramis*, *de Sélim Entemi*, *des rois de Tremecen* ou de tant d'autres conquérans de l'Afrique ? non, il n'est point descendu de ces races illustres; c'est seulement un usurpateur comme *Aruch Barberousse*, ce fameux brigand corsaire Mahométan? non encore, c'est un *bandit* ; ce mot veut tout dire ; c'est le ministère qui l'a qualifié de ce nom, et le ministère traite avec ce bandit d'égal à égal; il le qualifie du nom honorable *d'Emir*, c'est-à-dire *empereur des fidèles, Sultan.*—Hélas ! que de fautes ! Quel remède à porter à ces fautes ? un seul se présente suivant moi.

C'est que le gouvernement ressaisisse son autorité à la première violation du traité, et il s'en présentera des occasions, personne n'en doute.— Puisse mes vœux se réaliser à cet égard. Je m'arrête, mon âme est trop souffrante.

Le Ch^r **CAVALIER BENEZET**,

Ancien négociant de Bordeaux, arbitre de Commerce;

Rue Saint-Honoré, N° 365.

Paris, 12 *août* 1837.

www.ingramcontent.com/pod-product-compliance
Lightning Source LLC
Chambersburg PA
CBHW061616040426
42450CB00010B/2525